Konfliktlösung für Einsteiger

Konflikte lösen im Alltag, in Beziehungen und im Beruf

Wie Sie Konfliktpotentiale erkennen, Konflikten vorbeugen und aufgetretene Konflikte zielorientiert lösen

Matthias Ernst

INHALT

Konfliktlösung im Alltag

DAS ERWARTET SIE IN DIESEM BUCH

Ob im Alltag oder im Berufsleben – wo Menschen und unterschiedliche Charaktere aufeinandertreffen, besteht Konfliktpotenzial. Finden Sie sich häufig in Situationen wieder, in denen Sie aufgrund von kleineren Disputen längere Streitigkeiten austragen oder in denen Sie daran scheitern, Ihre Interessen durchzusetzen? Gefährden Sie dabei vielleicht auch Verhältnisse zu Menschen, die Ihnen etwas bedeuten oder zu denen Sie in einem Abhängigkeitsverhältnis stehen? Fühlen Sie sich womöglich nach Diskussionen sogar weniger gebildet oder eloquent als Ihr Gegenüber? Das müssen Sie nicht. Dieses

Buch hilft Ihnen, solche zwischenmenschlichen Meinungsverschiedenheiten, Auseinandersetzungen und Diskussionen einfach und schnell zu lösen, sodass Sie Ihren Standpunkt moderat durchsetzen können, ohne Beziehungen zu Ihren Mitmenschen nachhaltig zu schädigen. Es ist völlig natürlich, in derartige Situationen zu geraten, und wie wir alle schon erlebt haben, können diese schnell lauter werden und sich emotional aufladen. Hierbei liegt die Schuld nicht bei Ihnen. Dennoch ist es möglich, dies in wenigen einfachen Schritten zu vermeiden und trotzdem zufrieden und selbstsicher aus dem Konflikt herauszugehen.

Auf den nächsten Seiten werden Sie an die Problematik herangeführt und über die aktuelle Forschung auf dem Gebiet der Konfliktlösung informiert, welche Ihnen anschaulich an realistischen Beispielen verdeutlicht wird. Anschließend wird für Sie zusammengefasst, was daraus mitzunehmen ist, bis Ihnen schließlich eine kurze, leicht zu merkende Orientierung an die Hand gegeben wird, mit der Sie konkret im Alltag positive Ergebnisse erzielen werden.

DARUM IST KONFLIKTLÖSUNG
SO WICHTIG

Jedes Mal, wenn Sie in einen Konflikt geraten, verpassen Sie eine Chance, einen Mehrwert aus dem Gespräch zu entnehmen. Denn selbst ein für Sie irrelevantes Gespräch hat zumindest den Nutzen, Sie zu unterhalten. Aus den meisten Gesprächen kann man eine Lektion, neues Wissen oder alternative Perspektiven gewinnen. Des Weiteren ist es möglich, einiges über sich selbst zu lernen, Argumentation zu üben, mit eigenen Fehlvorstellungen, Vorurteilen oder Bildungslücken aufzuräumen. In manchen Konflikten stehen sogar Beziehungen, Geschäftsdeals oder Finanzen auf dem Spiel. All dies entgeht Ihnen aber, sobald Sie sich in einen Konflikt stürzen und scheitern, diesen wieder zu beseitigen.

Dass nicht jeder Konflikt zu vermeiden ist, ist auch klar, und es wäre der falsche Weg, diesen immer aus dem Weg zu gehen, weil Sie auch so keinen Mehrwert hätten. Daher ist es essenziell, Wege zu finden, wie man Konflikte lösen und den möglichen Mehrwert ernten kann. Dabei ist es mit bloßem Willen und Durchsetzungskraft aber nicht getan. Langfristig kann es Ihnen ebenso schaden, stur auf jeden Disput zu bestehen und diesen auszusitzen, bis der Gegenüber nachgibt, wie stets selbst nachzugeben. Dies könnte nämlich Beziehungen langfristig schädigen und Sie ins Abseits befördern. Diesen Mittelweg aus Deeskalation und Zielgerichtetheit zu finden, wird Ihnen nachhaltig in allen Bereichen des Lebens helfen. So können Sie aus jeder hitzigen Situation mit dem erwünschten Resultat herausgehen und alle Parteien fühlen sich dabei gut. Das macht Konfliktlösung zu einer Kernkompetenz im sozialen Umgang mit Mitmenschen.

DIE PROBLEMATIK VERSTEHEN

Um zu verstehen, wie ein Konflikt zu lösen ist, hilft es, erst einmal zu verstehen, wie sich aus oft banalen und ruhigen Unterhaltungen überhaupt ein hitziger Streit entwickeln kann. Dabei braucht man nur auf seine eigenen Verhaltensweisen zu schauen. Der Mensch neigt dazu, von seinen Standpunkten überzeugt zu sein und diese ohne Anlass auch nicht zu hinterfragen. So kann es oft unvorstellbar, geradezu frustrierend sein, wenn ein anderer eine andere Meinung hat. Dieser ist höchstwahrscheinlich ebenso überzeugt von sich und schon bilden sich verhärtete Fronten. Wird eine Diskussion dann auch noch persönlich, sind Emotionen oft nicht mehr abzuwenden. Hinzu kommen möglicherweise Stolz und Sturheit, die weiter verhindern, dass die Streitenden von ihren Standpunkten abrücken. Auch vorherige Abneigungen gegenüber dem Gesprächspartner können dazu führen, dass man voreingenommen und negativ gegenüber der Meinung des anderen ist.

Zuletzt spielt auch Lautstärke eine Rolle, welche in den genannten Situationen spiralförmig ansteigt und immer mehr vom eigentlichen Thema ablenkt. Wie Sie sehen, benötigt es nicht viel, um die Grundlage für einen Streit zu legen. Die Thematik kann hier von Präferenzen über die Sportmannschaft über Politik und Wirtschaft bis hin zu Gehaltsverhandlungen im Beruf alles sein. Anwenden können Sie das hier gelernte universell auf jegliches Thema.

Festzuhalten ist also zunächst, dass der Ursprung von Konflikten meist in der eigenen Subjektivität liegt, die einen daran hindert, die Lage nüchtern zu betrachten. Hierbei gilt: je hitziger der Streit, desto weniger rational die Akteure. Dies bildet einen Teufelskreis, der für großes Konfliktpotenzial bei allen erdenklichen Unterhaltungen sorgen kann. Sobald sich weniger auf die eigentliche Materie als auf die Person hinter dieser konzentriert wird, ist ein Streit geradezu vorprogrammiert. Im Alltag werden Sie dieses Muster etwa bei Diskussionen über Ihr Lieblingssportteam oder dergleichen wiedererkennen können, denn dort ist man schon zu Beginn der Konversation aufgrund von Sympathien subjektiv. Im Berufsleben lässt sich dies zum Beispiel in Kritikgesprächen mit dem Vorgesetzten bemerken. Wir neigen dazu, bei Konfrontation mit eigenen Mängeln automatisch eine Defensivposition einzunehmen, weniger aufnahmefähig zu werden und jegliche, womöglich begründete Kritik von uns zu weisen. Dies verhindert nicht nur eine gesunde Gesprächskultur, sondern auch eine gute Möglichkeit, um zu reflektieren und eventuell sogar Fehler auszumerzen.

Nun hilft dieser Ratgeber Ihnen aber nicht zwingend dabei, Konfliktentstehung zu meiden – auch wenn die hier erarbeiteten Methoden sicherlich auf diesem Gebiet ähnlich hilfreich sein können. Dieser Ratgeber zeigt Ihnen auf, wie es möglich ist, einen bereits entstandenen Konflikt ohne Verluste zu lösen. Sie befinden sich also in einer intensiven Diskussion, tragen schon über Wochen hinweg einen Streit mit Ihrem Arbeitskollegen aus oder können Ihren Chef einfach nicht von einer Gehaltserhöhung überzeugen. Es wurden schon Dinge gesagt, die den anderen persönlich getroffen haben, und Sie haben bereits so viel investiert, um den anderen zu überreden, dass Sie nicht mehr zurückziehen wollen. Die Seiten sind festgefahren. Hier liegt der Kern der Problematik: Wie löse ich eine solche Situation? Man will sein Gesicht nicht verlieren und am besten will man auch das erhoffte Ergebnis. Ihr Gegenüber verfolgt aber das gleiche Ziel. Stolz, Subjektivität, Frust und Antipathien der Partizipanten wirken genau entgegengesetzt.

Geht es so weiter, steigert sich der Konflikt immer mehr und beide verlieren mehr, als ursprünglich auf dem Spiel stand. Aus einer Situation, von der beide profitieren können, wie bei einer Unterhaltung zum Zeitvertreib, wird schnell eine, unter der beide leiden. Hier lassen sich Vergleiche zu einer Partie Poker ziehen.

Es wird abgewogen, ob man seinen Einsatz aufgibt und verliert, aber seine restlichen Chips noch hält, oder ob man All-in geht und dann alles gewinnen oder verlieren kann. Die Parallelen enden dann allerdings auch schon, denn es ist keineswegs hilfreich, menschliche Interaktion wie ein Spiel mit verdeckten Karten und Tricks anzugehen. Der Pokervergleich macht jedoch die verzwickte Lage klar. Wie also lässt sich dieser Konflikt nun lösen?

KONZEPTE ZUR PROBLEMBEWÄLTIGUNG

Um dies zu beantworten, nähert sich dieser Ratgeber zunächst von einer abstrakten Seite und macht Ihnen die Theorien und Methoden klar, bis diese dann anschließend konkret und anschaulich im echten Leben angewandt werden, genauso, wie Sie es nach dem Lesen dieses Buchs auch können werden. Doch zuerst zurück zu den Problemen, die es zu überkommen gilt: Es besteht ein Interessenkonflikt zwischen beiden Parteien, es ist Emotionalität im Spiel, die einen objektiven Blick auf die Lage verhindert und verursacht, dass sich die Situation nur noch mehr zuspitzt.

Auf der anderen Seite stehen die Ziele. Was ist Ihr gewünschtes Endresultat des Konflikts? Sie wollen sich höchstwahrscheinlich mit Ihrem Streitpartner vertragen, wollen aber oft auch das bekommen, weswegen Sie überhaupt erst anfingen, zu diskutieren – ob Gehaltserhöhung, einen Gefallen oder sonstiges. In Meinungsstreitigkeiten geht es Ihnen dann eher darum, nicht dumm dazustehen und im Recht zu sein, womöglich auch, den anderen zu überzeugen. Damit diese Interessen – Harmonie und Gewinn für Sie – miteinander vereinbar sind, gibt es eine, oftmals als utopisch angesehene Wunschlösung: die Win-win-Situation. Beide Parteien gehen als Gewinner aus dem Konflikt. Im Laufe dieses Buches werden Sie jedoch feststellen, dass das öfter möglich ist, als man zunächst denken sollte.

Das Harvard-Konzept

Auf dieser Idee baut auch das sogenannte Harvard-Konzept auf. Dies ist eine international bewährte Methode zur Konfliktlösung, die vor allem in rechtlichen Streitigkeiten genutzt wird, um einen Disput vor Gericht zu vermeiden. Entwickelt wurde es von Roger Fisher und William Ury im Jahr 1981. Diese nahmen Inspiration von dem Harvard Negotiation Project (zu Deutsch: Harvard-Verhandlungsprojekt) der Harvard-Universität, daher auch der Name. Es basiert auf simplen Lösungswegen, die unabhängig von der Streitigkeit in einem beruflichen Kontext anwendbar sind, und versucht, in 5 Schritten dafür zu sorgen, dass die streitenden Parteien beide vom Disput profitieren können.

Zunächst ist der Aufbau dieser Methode darzulegen und schon dort wird Ihnen auffallen, dass sich die zuvor erarbeiteten Probleme und Streitherde eines Konflikts wiederfinden und diesen speziell entgegengewirkt wird. Der erste Punkt des Harvard-Konzepts lautet: „Trenne den Menschen vom Problem!". Das bedeutet, Sie sollten es vermeiden, Ihre Gefühle bezüglich eines Problems oder einer Fragestellung auf den dahinterstehenden Menschen zu projizieren. Es macht keinen Sinn und ist noch weniger förderlich, Ihren Konfliktpartner für seine Überzeugungen und Interessen zu verteufeln.

Anstatt diese verschmelzen zu lassen, ist es vielmehr zu empfehlen, nüchtern die Sachlage zu betrachten und den Menschen, der für diese verantwortlich ist, zunächst außen vor zu lassen. Dabei spielt es keine Rolle, wie naiv, kleingeistig oder engstirnig die Person handelt und denkt oder wie sehr sie den Konflikt verschuldet hat. All das gilt es vorerst, zu vernachlässigen. Gehen Sie also nicht auf die Person selbst, sondern auf das, was sie sagt und verfolgt, ein; versuchen Sie nicht, Charakterschwächen darzulegen, sondern suchen Sie nach Lösungen des Problems. Doch auch dann ist zu empfehlen, dies ruhig und rücksichtsvoll zu machen, andernfalls kann sich die Person hinter der Überzeugung trotz allem angegriffen fühlen.

Das mag Ihnen anfangs schwerfallen und widerspricht zugegebenermaßen oft der menschlichen Intuition, aber es hilft Ihnen, schon früh unnötige Schärfe aus der Situation zu nehmen. Denn das ist auch das Ziel dieses ersten Schritts: Deeskalation. So mögen Sie zwar der inhaltlichen Lösung des Problems dadurch nicht nähergekommen sein, nichtsdestotrotz ist so die notwendige Grundlage für eine solche sachliche Lösung gelegt. Was bringt es Ihnen nämlich, die Lösung auf inhaltlicher Ebene schon lange gefunden zu haben, wenn Sie Ihr Gegenüber so sehr aufgebracht haben, dass dieser Ihnen nicht mehr zuhört und bereit ist, Sie beide nur noch tiefer in den Konflikt zu treiben? Deswegen soll hiermit eine gesunde Diskussionskultur eingeführt oder zurückgebracht werden, bei der sich kein Beteiligter angegriffen fühlen muss.

Dies entschleunigt die Lage und nimmt ihr Emotionalität. Viele Konflikte eskalieren nämlich genau dann, wenn die Parteien sich persönlich angegriffen fühlen. Vielleicht haben Sie schon bemerkt, dass so den oben genannten Problemen von persönlichen Abneigungen, Sturheit und Stolz begegnet wird und es ermöglicht wird, in den Folgeschritten den Inhalt rational anzugehen.

Was heißt das also konkret? Anhand eines Beispiels ist dies besser zu verstehen. Sie befinden sich in einer Streitigkeit mit Ihrem Kollegen, mit dem Sie an einem Projekt arbeiten. Er ist dem Gebiet der Technik vollends abgeneigt und besteht dementsprechend darauf, die abschließende Präsentation mündlich vor handschriftlichen Plakaten zu machen. Sie hingegen sind kompetent, was PowerPoint-Präsentationen angeht, und wissen mit Sicherheit, dass Sie das Projekt so deutlich lebendiger vermitteln könnten. Ihr Kollege verspottet Sie für diese Ansicht. Trennen Sie nun also die Ansicht von der Person. Es ist völlig nachvollziehbar, hier einen Groll gegen Ihren Kollegen zu hegen, und genau hier setzt der erste Schritt an.

Machen Sie nicht den Kollegen für den Konflikt verantwortlich und schließen Sie nicht von seinen Ansichten auf seinen Charakter. Nähern Sie sich der Lage nüchtern. Dieser erste Schritt findet zu großen Teilen im Kopf statt, keinerlei Kritik an der Ansicht, eine handschriftliche Präsentation sei besser, darf zu Kritik an Ihrem Kollegen werden.

Ihr Kollege ist nicht altmodisch und verschließt sich stur vor Technik, er hat lediglich in diesem spezifischen Konflikt eine, Ihrer Auffassung nach, altmodische Ansicht. Das Problem ist keines von Generationen oder Einstellungen, sondern lediglich eine Frage darüber, wie Sie am besten Ihre Präsentation halten können. Es bringt schlichtweg nichts, an dieser Stelle Ihr Gegenüber konvertieren zu wollen, daher betrachten Sie das Problem und nicht Ihren Kollegen.

Der zweite Punkt des Harvard-Konzepts geht in eine ähnliche Richtung. So wird empfohlen, sich auf Interessen, nicht auf Positionen zu fokussieren. Was will Ihr Kontrahent eigentlich? Was wollen Sie eigentlich? Wie können Sie diesem Interesse begegnen? Sind Ihr und sein Interesse vereinbar? Diese Fragen sollten Sie sich stellen und sich nicht mit seinen Überzeugungen aufhalten. Richten Sie also Ihren Blick in die Zukunft und suchen Sie konstruktiv nach Auswegen aus dem Konflikt, anstatt sich mit gegenwärtigen oder sogar vergangenen Aussagen aufzuhalten.

Gleichzeitig bringt es nichts, die eigenen Positionen ewig zu unterstreichen, stattdessen ist es weitaus hilfreicher, die Intention, welche auf diesen basiert, erkennen zu lassen und zu erklären, was das Ziel ist. So werden im Endeffekt Scharmützel auf ideologischer Ebene übersprungen und es wird direkt dort angesetzt, wo sich die Überzeugungen abbilden, und zwar nur so weit, wie die Interessen entgegenwirken, sodass unnötige Debatten über richtig und falsch ausbleiben.

Die Intention dahinter gleicht weiter derjenigen des ersten Punkts: Es liefert nur vermeidbares Streitpotenzial, sich mit Positionen länger aufzuhalten, es soll also erneut deeskaliert werden. Überzeugungen sind oft fest mit der eigenen Persönlichkeit verwurzelt, folglich kann Kritik an Überzeugungen als Kritik an der eigenen Persönlichkeit aufgenommen werden. Jedoch wird nicht nur Emotionalität auf diese Weise aus dem Weg gegangen. Es ist schlicht zeiteffizienter, den Teil der Überzeugung zu beobachten, der den anderen auch betrifft. Das Interesse beruht schließlich auf der Überzeugung und nur das ist auch relevant für einen Konflikt auf diesem Gebiet. Diese zukunftsorientierte Perspektive bringt die Parteien näher zusammen, überbrückt Differenzen und sucht nach einer Lösung, basierend darauf, was beide Parteien wollen, nicht darauf, was sie denken.

Nun zu einem weiteren Beispiel. Sie und ein Mitarbeiter haben die Aufgabe, mit einem zugewiesenen Budget Fortbewegungsmittel für die Belegschaft zur Verfügung zu stellen. Ihrem Kollegen liegt die Umwelt am Herzen, daher schlägt er vor, Jahrestickets für den Zugverkehr zu zahlen. Sie wiederum sind Autoenthusiast, lehnen Zugfahren kategorisch ab und halten es für das Beste, von dem Geld vier Autos zu kaufen, die Ihre Kollegen frei nutzen können. Konfliktpotenzial ist hier nicht weit entfernt, wo Sie doch beide so entgegengesetzte Ansichten haben. Der falsche Weg wäre es daher, sich darüber zu streiten, ob Autos eine Umweltsünde sind oder nicht, oder darüber, ob Zugverkehr unzureichend für den Berufsverkehr ist. Richten Sie Ihren Blick auf das jeweilige Interesse und blicken Sie außerdem in die Zukunft auf der Suche nach Lösungen. Das Interesse Ihres Kollegen ist es, Zugfahrkarten anzubieten, Sie wollen Autos anbieten.

Dies ist abstrakt zu behandeln und hat nichts mit Ideologien bezüglich des Klimaschutzes zu tun. Fragen Sie nicht „Wie überzeuge ich meinen Mitarbeiter davon, dass Klimaschutz mittels Zugfahren der falsche Weg ist?", sondern fragen Sie „Wie überzeuge ich ihn, dass das Budget besser in Autos investiert werden sollte, oder gibt es womöglich sogar eine Möglichkeit, beide Interessen zu befriedigen?". Wie wäre es etwa, wenn sich die Mitarbeiter entscheiden könnten oder das Budget geteilt wird? Sind E-Autos eine Option? Auf diesem Weg entsteht keine Grundsatzdiskussion und es kann eine konstruktive Überlegung über die Zukunft Ihres Budgets angestrengt werden, bei der beide Seiten an einem Strang ziehen.

Weiter geht es nach dem Harvard-Konzept mit dem dritten Schritt: Finde verschiedene Lösungen und suche nach solchen, von denen beide Parteien profitieren. Wo zuvor der Fokus auf eine gesunde Grundlage gelegt wurde, ist hier nun Kreativität für eine sachliche Lösung gefragt. Es geht darum, möglichst viele

Auswege aus dem Konflikt zu finden. Natürlich ist hier nicht lediglich auf Quantität abzustellen. Je größer der beidseitige Profit, desto besser der Ansatz zur Konfliktlösung.

Der schnellste Weg, diese zu entwickeln, ist erst einmal, der Kreativität freien Lauf zu lassen und alle Ideen, die möglich erscheinen, festzuhalten. Es hilft dabei, stets auch beide Interessen gleichermaßen im Kopf zu behalten, denn sobald Ihr Partner profitiert, profitieren Sie davon, dass dieser kooperativer und eher bereit ist, einen Kompromiss einzugehen. Finden Sie also die Interessen des Gegenübers, was ihm am wichtigsten ist, und suchen Sie nach Möglichkeiten, ihm etwas von Wert für ihn anzubieten, während Sie selbst auch Gewinn eintragen können.

In diesem Schritt liegt der Kern des Harvard-Konzepts. Ihm zugrunde liegt der Gedanke, dass ein Konflikt nicht als etwas Störendes anzusehen ist, sondern eher als eine Möglichkeit für neue Kooperationen und gemeinsame Entwicklung. Es wird beabsichtigt, dass beide Parteien als Gewinner dastehen, was in der Regel zur Folge hätte, dass auch kein Streitpotenzial mehr besteht. Mit Blick auf den Anwendungsbereich des Harvard-Konzepts bei vertraglichen Disputen des internationalen Privatrechts sticht vor allem eine Variante für beidseitigen Gewinn hervor: die Kuchenvergrößerung. Bei diesen Disputen bedeutet das, dass beide Parteien – oft Unternehmen –, statt eine Geldklage zu erheben, sich dahingehend einigen, dass sie Anteile voneinander erhalten, durch Zusammenarbeit Gewinn einstreichen oder anderweitig Wert kreieren, von dem beide langfristig etwas haben. Das können Investments in gemeinsame Projekte sein oder aber Unterstützung von anderen Firmen, die beiden helfen.

Hierbei ist es keine Voraussetzung, dass die Problemlösung das Problem betrifft, es geht eher um Befriedigung durch gegenseitiges Helfen, sodass schlussendlich der Gewinn durch Kooperation größer ist als der Verlust durch Konflikt. Auch abseits dieser doch eher schwer zu greifenden Welt lässt sich der Gedanke auf Einzelpersonen übertragen. Die Idee hinter der Harvard-Methode erfordert an dieser Stelle das genannte Maß an Kreativität, aber kann so Türen öffnen und Partnerschaften schließen. Weil die Konfliktbeteiligten unter dem gleichen Problem leiden, kann die Lösung desselben auch beiden nützen. Aus dieser Perspektive sitzen die Kontrahenten also im selben Boot.

Stellen Sie sich vor, Ihre Firma schuldet einem anderen Unternehmen, das Sie langfristig beliefern, aufgrund eines Fehlers des Produzenten, der Sie wiederum beliefert hatte, eine neue Lieferung einer bestimmten Ware. Das andere Unternehmen will unbedingt diese Ware haben, Sie finden aber, dass Sie die Fehler Ihres Produzenten nicht zu verantworten haben, außerdem ist dieser ohnehin unzuverlässig, weshalb Sie genervt sind. Zudem brauchen Sie die Bezahlung für den Auftrag, da Ihr Unternehmen sich in einem finanziellen Engpass befindet. Machen Sie sich immer wieder klar, dass Sie hier im selben Boot sitzen. Dann suchen Sie frei nach Lösungsmöglichkeiten, es gibt keine falschen Ideen. Ihr Geschäftspartner will Ware, Sie wollen keinen finanziellen Verlust einbüßen. Auch wenn sich diese Interessen auf den ersten Blick nicht vereinbaren lassen, versuchen Sie, Wege zu finden, durch die Sie beide miteinander Vorteile erlangen können.

Sie könnten etwa vorschlagen, dass Ihr Vertragspartner die notwendige Bezahlung in einen anderen, zuverlässigeren Produzenten für Sie investiert, sodass dieser Sie nun beliefert. Das könnte die Lieferschwierigkeiten ausmerzen, was für beide gut ist. Nun könnten Sie Ihren Partner besser und in größeren Mengen beliefern, dieser erhält die Ware rechtzeitig und mangelfrei, darum zahlt er auch eher. So würden beide Seiten langfristig gewinnen. Sie könnten auch als weiteren Anreiz einen kostenfreien Anteil an Ware an die nächste Lieferung anfügen. So wäre die Beziehung gewahrt, das Arbeitsverhältnis funktioniert langfristig besser und beide profitieren finanziell. Das wäre natürlich nur eine von vielen Möglichkeiten, die Idee wird jedoch klar. Versuchen Sie, Ihrem Konfliktgegner etwas zu bieten, das ihn reizt, und suchen Sie nach Wegen, davon auch zu profitieren, denn Kooperation bietet stets mehr Vorteile als Konflikt.

Punkt vier der Harvard-Methode bietet Beurteilungskriterien für die Lösung. Demzufolge solle man nämlich die Situation und mögliche Lösungen nur basierend auf objektiven Kriterien bewerten. Persönliche Präferenzen, Vorurteile oder Ängste müssen hier außen vor gelassen werden. Die Kriterien sollten objektiv messbar sein, also so, dass beide Parteien ohne Spielraum zum gleichen Schluss kommen.

Hervorragend geeignet dafür sind Zahlen, Daten und unter Umständen auch Statistiken, wobei diese je nach Intention auch unterschiedlich auslegbar sind. Weiterhelfen können auch Vergleichsfälle, mittels derer Sie Folgen besser absehen und Szenarien kategorisieren können. Gehen Sie entsprechend an diesen Pfeilern entlang und machen Sie daran fest, ob eine Lösungsidee für beide Seiten geeignet ist.

Mit diesem Punkt wird das Ziel verfolgt, Subjektivität aus dem Konflikt zu nehmen. Wie oben bereits angesprochen, hat jeder Voreingenommenheiten bezüglich seiner eigenen Denkweise, man ist von sich selbst überzeugt. Das ist aber nur möglich, wenn beide Denkweisen basierend auf unterschiedlichen Kriterien beurteilt werden. Bewertet man sie anhand von objektiven Kriterien, auf die sich beide Seiten einigen können, ist klarer feststellbar, was die Interessen für den anderen zur Folge haben und was die beste Lösung ist. So fällt die Entscheidung basierend auf Fakten, nicht auf Emotionen.

Sie befinden sich nun in folgendem Szenario: Sie und ein Mitarbeiter sind im Architekturteam für das neue Firmengebäude. Sie haben eine Meinungsverschiedenheit bezüglich der Farbe, die die Bürozimmer haben sollen. Ihr Kollege will die Räume dunkelblau streichen lassen, Sie bevorzugen Weiß und hassen die Farbe Blau. Es ist also an Ihnen, die Kriterien zu finden, um diesen Disput zu lösen.

Dass Sie gegen die Farbe Blau eine persönliche Abneigung haben, darf kein Kriterium sein. Sie würden auch nicht wollen, dass die Präferenzen Ihres Mitarbeiters über die Bürofarbe entscheiden. Suchen Sie also nach objektiven Kriterien. Zuallererst ist der finanzielle Aspekt immer ein guter Beginn. Wie viel kosten die Farben? Gibt es Unterschiede? Holen Sie sich Angebote ein und schon haben Sie ein faires Kriterium. Was könnten weitere Fakten über Farben von Büroräumen sein?

Diese Frage erscheint zwar banal, aber wenn Sie ihr nachgehen, könnten Sie womöglich weitere Kriterien finden. Wie beeinflusst die Farbe das Licht und die Helligkeit des Raums? Sind beide gewünschten Farben ohne Weiteres erhältlich oder gibt es Wartezeiten? Zuletzt können wissenschaftliche Erkenntnisse weiterhelfen. Diese sollten Sie jedoch mit Abstand genießen und darauf achten, dass die Ergebnisse einhellig sind und Sie nicht etwa eine einzelne Studie zitieren, die Ihr Interesse stützt. In diesem Fall gibt es unzählige ausgearbeitete und einhellige Studien zu der Wirkung von Farben von Räumen auf Menschen. Führen Sie dies an und Sie haben einen weiteren Bezugspunkt. Mit dieser Herangehensweise stellen Sie sicher, dass beide Seiten auf demselben Stand sind und aus derselben Perspektive diskutieren können.

Im letzten Schritt geht es darum, die Alternativen auszuloten. Gesucht ist die beste Alternative zu einer Einigung. Es wird danach gefragt, was passieren würde, wenn ein Deal platzt, worin der Schaden läge und wie es ohne einen Deal weitergehen könnte. Demzufolge sollten Sie sich anderweitig umschauen und auf diesen Fall vorbereitet sein. Suchen Sie mehrere mögliche Alternativen und entscheiden Sie für sich, welche die beste wäre, in diesem Fall müssen Sie schließlich den Willen des Konfliktgegners nicht mehr berücksichtigen.

Dieser Schritt ist wichtig für das Harvard-Konzept, um zu sehen, wo man steht. Es soll evaluiert werden, wie viel eine Einigung wert ist. Sobald Sie wissen, wie viel schlechter Sie ohne den Deal dastehen würden, haben Sie einen Rahmen. Das gibt Ihnen Spielraum, da Sie in diesem Rahmen nun frei mit Ihrem Kontrahenten diskutieren können.

Der Deal muss sich irgendwo zwischen Ihrem Optimalfall – dem ursprünglichen Interesse – und der besten Alternative bewegen. Liegt er darunter, fallen Sie auf Ihre beste Alternative zurück. Sie können hiermit besser einschätzen, was Sie für einen Deal riskieren sollten. Wie viel Zeit, Geld und Nerven lohnt es sich, für eine Einigung zu opfern? Ist Ihre beste Alternative nur marginal schlechter als eine mögliche Einigung und sind die Verhandlungen sehr festgefahren? Bedenken Sie einen Ausstieg. Sind Sie von einer Einigung abhängig, weil die beste Alternative im Vergleich zu einer Einigung nichts wert ist? Gehen Sie kompromissbereit an den Diskurs heran, schrauben Sie Ihre Erwartungen herunter und kommen Sie Ihrem Gegenüber entgegen. Es wird Ihnen ein Instrument an die Hand gegeben, anhand dessen Sie den nötigen Einsatz einschätzen und dementsprechend justieren können. Ziel ist also immer, eine Einigung zu finden, welche besser als die beste Alternative zu einer Einigung ist.

Sie wollen einen Vertrag für Ihren Obststand über 100 Kilogramm Bananen pro Monat abschließen. Ihr Vertragspartner hat seinen Preis aber jüngst erhöht und verlangt jetzt 90 € pro 100 Kilogramm. Zuvor waren es 70 €. Er zeigt sich bezüglich einer möglichen gemeinsamen Gewinnlösung nicht kooperativ. In Ihrer bisherigen Planung hatten Sie immer ein Budget von 80 € für Bananen im Monat frei. Darum müssten Sie Ihren Partner auf diese 80 € herunterhandeln. Sehen Sie sich zuerst nach anderen Anbietern um. Was ist ihr Angebot? Ist bei ihnen etwas über Verhandlung möglich? Machen Sie sich auch mit einem kompletten Wegfall vertraut. Was würde es bedeuten, wenn Sie keine Bananen mehr verkaufen würden? Könnten Sie Ihr Budget unter Umständen anderweitig einsetzen? Was würde das für Ihren Gewinn bedeuten? Oder ist ein Angebot an Bananen in diesem Fall alternativlos?

Lohnt es sich dann vielleicht sogar, Teile Ihres restlichen Sortiments abzusetzen, damit Sie den Forderungen Ihres Vertragspartners entgegenkommen können? All das gilt es, zu evaluieren. Machen Sie sich klar, welchen Stellenwert das Interesse in dem Konflikt für Sie im Allgemeinen hat. Wie schlimm wäre ein Rückfall auf Ihre beste Alternative?

Gleichzeitig sollten Sie auch bedenken, dass stockende Verhandlungen Sie auch nicht unerheblich kosten könnten. Im konkreten Fall müssten Sie in Erwägung ziehen, dass Sie, wenn Sie auf Ihren Vertragspartner setzen, möglicherweise wegen anhaltender Uneinigkeiten eine Monatslieferung verpassen könnten. Angenommen, Ihre beste Alternative wäre es, das Budget leicht anzupassen und von einem anderen Anbieter, der ebenso wenig verhandlungsbereit ist, 100 Kilogramm Bananen für 85 € zu kaufen.

Es muss Ihnen dann klar sein, dass Sie unter keinen Umständen die Monatslieferung verpassen dürfen. Versuchen Sie also, mit Ihrem ursprünglichen Partner einen Deal zwischen 70 und 85 Euro herauszuschlagen, ohne den Monat zu überschreiten. Dies ist dann der Rahmen, in dem Sie agieren können. Lassen Sie uns noch einmal zurückblicken auf die fünf Punkte des Harvard-Konzepts, ehe sie an einem letzten Beispiel umfassend zusammen angewandt werden. Zuallererst besinnen Sie sich auf das Problem, ohne auf die Person zu projizieren. Bleiben Sie nüchtern und werden Sie nicht persönlich, es geht darum, einen Konflikt zu lösen, und nicht darum, einen Menschen zu ändern. Als Nächstes fokussieren Sie sich auf Ihr Interesse und das Ihres Gegenübers. Lassen Sie dahinterstehende Positionen und Überzeugungen außen vor und legen Sie Ihre Aufmerksamkeit auf die spezifische Situation und die Ziele beider Seiten für die Zukunft.

Suchen Sie anschließend nach möglichen Wegen, diese Interessen zu vereinen. Der Optimalfall ist, dass beide schlussendlich besser dastehen als vor dem Konflikt. Suchen Sie dafür nach unterschiedlichen Lösungswegen, bewerten Sie diese und unterbreiten Sie diese Ihrem Partner. Um einen fair messbaren Diskurs zu gewährleisten, etablieren Sie nach Punkt vier objektive Kriterien, mit denen der Konflikt, die Interessen und die Lösungswege beurteilt werden können. Diese müssen für beide gleichermaßen zugänglich und tatsächlich messbar sein. Zuletzt schauen Sie außerhalb des Konflikts nach Alternativen zu einer Einigung und finden dort die beste. Dazu sollten Sie verschiedene Varianten ausarbeiten und die beste unter diesen auswählen. Mit diesem Rahmen zwischen Interesse und

Alternative können Sie den Wert einer Einigung erkennen und so abwägen, wie sehr Sie dem Konfliktbeteiligten entgegenkommen. Schließlich werden Sie auf diesem Weg zu einer Einigung kommen.

Dies wird abschließend auf ein Beispiel angewandt, sodass der gesamte Prozess Ihnen etwas nähergebracht wird. Der Fall ist ganz schlicht und schnell erklärt: Sie bitten Ihren Chef um eine Gehaltserhöhung. Zuvor verdienten Sie 2.500 € im Monat, jetzt verlangen Sie aber 3.000 €. Ihr Chef meint, Sie würden noch nicht lange genug dort arbeiten und man müsse sich eine Gehaltserhöhung lange und schwer verdienen. Sie hingegen sind der Meinung, dass Sie das schon längst verdient hätten, da Sie in der letzten Zeit viele Deals abgeschlossen und der Firma diverse neue Kunden beschert haben. Die fehlende Wertschätzung stört Sie und in Ihren Augen ist es an der Zeit, dass Ihr Wert für die Firma anerkannt wird und sich finanziell niederschlägt. Ihr Chef aber teilt Ihnen mit, Sie hätten in erster Linie Glück bei Ihren letzten Abschlüssen gehabt.

Wenden Sie Schritt eins an. Das Problem ist hier, dass Sie nicht die gewünschte Gehaltserhöhung erhalten, weil Ihr Chef denkt, Sie hätten das noch nicht verdient. Das soll Ihr Fokus sein bei dem Versuch, den

Konflikt zu lösen. Es spielt keine Rolle, ob Sie ihn für undankbar halten und seine Ansichten überholt und verlangsamend finden. Das ist kein Faktor in diesem Konflikt und auch nicht zielführend. Sie müssen sich also von Anfang an akribisch darauf konzentrieren, nicht persönlich zu werden. Es geht nicht um Ihren Chef, sondern um eine mögliche Gehaltserhöhung. Persönliche Präferenzen sind außen vor zu lassen, denn sobald Sie einmal persönlich werden, kann die Grundlage für eine Diskussion schon gebrochen sein. Ihr Chef könnte nun jegliche Kritik persönlich nehmen, was zur Folge hätte, dass Emotionalität ins Spiel kommt, die Parteien nicht mehr objektiv sind und keine Lösung bewirkt werden kann. Dementsprechend konzentrieren Sie sich auf das Problem der Gehaltserhöhung.

Weiter geht es mit Schritt zwei: Fokussieren Sie sich auf Interessen statt auf Positionen. Dazu spezifizieren Sie zunächst die Interessen. Sie wollen eine Gehaltserhöhung. Ihr Chef will das nicht. Er will das Geld einsparen und eine Gehaltserhöhung als etwas behalten, das man sich lange erarbeiten muss. Nicht relevant ist, warum er so denkt und aus welcher Grundeinstellung dieses Interesse geboren ist. Ebenso wenig entscheidend ist aber auch Ihre eigene Grundposition zu

Gehaltserhöhungen. Es geht nur um diesen speziellen Fall und darum, was Sie beide aus diesem Konflikt gewinnen wollen. In diesem Szenario konzentrieren Sie sich also am besten auf die schlichten gegenläufigen Interessen: Gehaltserhöhung gegen Ablehnung derselbigen.

An diesem Punkt haben Sie nun maßgebliche Streitherde ausgemerzt, viel Emotionalität aus dem Konflikt genommen und wichtige Schritte hin zu einer gesunden Diskussionsgrundlage gemacht. Danach geht es mehr an das Inhaltliche. Sie haben Ihre beiden Interessen konkret ausgeformt, jetzt müssen Sie versuchen, diese miteinander zu vereinbaren. Suchen Sie zuerst nach unterschiedlichsten möglichen Lösungen. Wie wäre eine Einigung in der Mitte bei etwa 2.700 €? Kommt vielleicht auch etwas außerhalb dieser konventionellen Lösung infrage?

Was, wenn Sie die 3.000 € erhalten, dafür aber einen längeren Arbeitsvertrag unterschreiben und so gewissermaßen die Voraussetzung von Ihrem Vorgesetzten, lange zu arbeiten, nachreichen? Kommt eine etwas andere Stelle in Betracht? Können Sie Ihre Arbeitszeiten justieren? Vielleicht wäre auch ein Firmenwagen eine ausreichende Kompensation? Sind Sie möglicherweise sogar so selbstbewusst, dass Sie eine Art Wette eingehen? Beispielsweise könnten Sie die gewünschte Gehaltserhöhung unter dem Vorbehalt verlangen, dass Sie im restlichen Jahr noch 3 weitere Deals abschließen. Generell sind Ihrer Kreativität keine Grenzen gesetzt. Alles ist im Bereich des Möglichen, berücksichtigen Sie folglich all diese Ideen und wählen Sie die für Ihr Empfinden beste Option aus. Beziehen Sie aber auch Ihren Partner mit ein, sodass auch seine Interessen ausreichend Beachtung finden. Meist ist eine Situation, von der beide wirtschaftlich profitieren, möglich. Diese gilt es, zu finden. Mit dem Schlüssel der Kreativität und beiden Interessen im Hinterkopf ist das auch schnell machbar.

Um Ihnen bei der Bewertung dieser Ideen zu helfen, die Interessen einordnen zu können und festzumachen, worum es im Gesamtkonflikt geht und was eine Rolle spielen soll, ist es wichtig, sich auf Kriterien zu einigen. Diese müssen objektiv und für beide zugänglich sein. Sagen Sie nicht einfach, Sie hätten gut gearbeitet, machen Sie dies an Zahlen fest. Wie viele Abschlüsse? Wie viel eingebrachter Umsatz? Auf der anderen Seite ist es ebenso wichtig, die Interessen Ihres Chefs messbar darzustellen. Wie lange arbeiten Sie schon bei dem Unternehmen? Hatten Sie schon einmal eine Gehaltserhöhung? Weiter ist es zielführend,

Präzedenzfälle und Vergleiche heranzuziehen, um so die Lage besser einschätzen zu können. Was ist das normale Gehalt für einen Angestellten Ihrer Position in der Firma? Nach wie vielen Jahren werden in diesem Unternehmen durchschnittlich Gehaltserhöhungen durchgeführt? Haben Sie sich erst einmal auf diese Kriterien geeinigt, können Sie besser auf der gleichen Ebene diskutieren, es wird Subjektivität genommen und Lösungsideen sind messbarer nach Ihren Vorteilen für die Parteien einzuordnen.

Zu guter Letzt sehen Sie sich nach Alternativen um. Parallel zur Lösungssuche geht es hier vorerst um Kreativität und eine Vielzahl an Möglichkeiten. Haben Sie andere Jobangebote? Gibt es vergleichbare freie Stellen, die besser bezahlt sind? Vielleicht sollten Sie sich auch schon bei einigen Unternehmen bewerben. Ist Ihre beste Alternative nichtsdestotrotz, bei der Firma zu bleiben und weiter 2.500 € monatlich zu verdienen? Wägen Sie diese Alternativen ab und suchen die für Sie beste heraus. Bedenken Sie zudem zeitliche Faktoren, also ob Sie beispielsweise bei einem Jobwechsel eine Zeit lang ohne Gehalt auskommen müssten. Angenommen, Sie haben ein Jobangebot, bei dem Sie unter sonst ähnlichen Umständen 2.600 € verdienen könnten, dann bildet das Ihren Rahmen. Sie wissen jetzt, dass Sie mindestens 2.600 € verlangen sollten. Sie haben Kriterien aufgestellt, anhand derer Sie Ihren Wert für die Firma besser messen können. Sie haben eine Diskussionsgrundlage frei von Emotionalität und Hitzigkeit geschaffen. Es bleibt also nur noch, zu versuchen, Ihre beste Alternative zu überbieten. Sie wissen aber auch, dass es sich nicht lohnt, die Diskussion monatelang fortzuführen, da Sie ja eine gute Alternative haben. Somit haben Sie alle Voraussetzungen erfüllt und können den Konflikt entweder durch Einigung oder durch Rückzug und Firmenwechsel lösen.

Was gibt es aus dem Harvard-Konzept mitzunehmen? Das Harvard-Konzept hat eine sehr nüchterne Herangehensweise, legt besonderen Wert auf wirtschaftlichen Fortschritt und wird daher auch in derartigen Feldern angewandt. Es zeigt Ihnen Methoden, Emotionalität und subjektive Sichtweisen zu beseitigen, und hilft anschließend, den Konflikt mittels objektiver Instrumente zu lösen. Zudem bemisst es den Wert dieser Diskussion und gibt Aufschluss darüber, wie viel Sie investieren sollten. Vor allem das Legen einer Basis, auf der diskutiert werden kann, sollten Sie sich merken, denn dies kann auch außerhalb beruflicher und geschäftlicher Zwecke von Vorteil sein. Lassen Sie Personen und Positionen außen vor, denken Sie zielgerichtet und versuchen Sie, Objektivität zu gewährleisten. Die lösungsorientierte Annäherung an den Sachverhalt ist insofern positiv zu bewerten, als dass so verhindert wird, dass man sich in gegenwärtigen Problemen oder vergangenen Abneigungen verfängt. Die Sichtweise ist unpersönlich und rational.

Wenn Sie das Konzept in dem Kontext sehen, für den es auch gedacht ist, kann es Ihnen helfen, schneller einen zielführenden Diskurs zu führen und Grundsatzdiskussionen, Streitigkeiten oder Dispute basierend auf subjektiven Präferenzen zu vermeiden. Haben Sie diesen Punkt erreicht, kann die Harvard-Methode dabei helfen, Entwicklungen und beidseitigen Profit zu suchen. Einen Verhandlungsrahmen sollten Sie, wenn möglich, stets kreieren, denn das bewirkt, dass Sie wertlosen und aufhaltenden Konflikten schneller aus dem Weg gehen können. Orientieren Sie sich also stets an einem Worst-Case-Szenario und einem Best-Case-Szenario. Alles in allem sind besonders das Erstellen einer Gesprächsgrundlage und die Blickrichtung in die Zukunft im Hinterkopf zu halten und je nach Situation mehr oder weniger anzuwenden.

Natürlich ist aber zu bedenken, dass das Harvard-Konzept für internationale rechtliche Streitigkeiten und dergleichen gedacht ist und sich daher nicht immer perfekt auf andere Situationen anwenden lässt. Wenn Sie sich mit einem Verwandten wegen einer Grundsatzdiskussion streiten, lässt sich das nicht unbedingt mit einer Kuchenvergrößerung lösen. Obwohl das Harvard-Konzept auch in derartigen Szenarien hilfreich sein mag, ist es wichtig, das Modell als das zu sehen, was es ist: ein Ansatz für wirtschaftlichen Fortschritt. Dabei vernachlässigt es soziale Beziehungen, beachtet nicht voll, wie schwer Objektivität bei Streitigkeiten in etwa einer Ehe sein kann, und legt keinen Wert darauf, Sympathien und Zuneigungen nachhaltig zu wahren, sondern lediglich Geschäftsbeziehungen.

Dass bei der nüchternen Herangehensweise und dem durch objektive Kriterien oft unverblümten und absoluten Bewertungsprozess durchaus Schaden entstehen kann, fällt ebenso unter den Tisch. Beschwert sich ein Ehepartner über mangelnden Aufwand des anderen, sollte man besser nicht das beigesteuerte Geld, die Anzahl an Staubsaugen pro Woche oder andere Ehen als Vergleich heranziehen.

Oft ist bei zwischenmenschlichen Beziehungen eben Feingefühl und Rücksichtnahme gefragt. Des Weiteren ist eine Schwäche der Methode, dass zwar der Weg zur Lösungsfindung geebnet wird, es aber immer wieder Situationen geben wird, in denen man auch mit den gegebenen Instrumenten nicht weiterkommt und scheinbar keine Lösung in Aussicht ist. Auch wenn hierfür die beste Alternative gefunden wird, gibt es Konflikte, in denen eine beste Alternative nicht möglich oder so bedeutend schlechter ist, dass dem Konflikt praktisch nicht aus dem Weg gegangen werden kann. Um bei dem Beispiel der Eheleute zu bleiben, ist eine Scheidung als beste Alternative für das Leben beider so verheerend, dass sie praktisch bei einem Konflikt nicht in Betracht kommt, somit muss sich in den allermeisten Fällen dem Konflikt gestellt werden.

Außerdem setzt das Harvard-Konzept zu großen Teilen auf Kreativität – man beachte den Findungsprozess für Lösungen und beste Alternativen. Dies ist aber eine Gabe, die nicht jeder hat und ohne die man in dem Konzept oft leer dasteht. Wie soll man den Konflikt ohne kreative Wege lösen? In diesem Fall werden wenige Mittel gegeben, dies zu lösen.

Das Harvard-Modell führt die Konfliktführenden an einen Punkt, von dem aus man über Lösungen nachdenken und diskutieren kann, bietet aber keine spezifischen Methoden, diese auch zu finden und auszuarbeiten. Einerseits ist die Suche nach einer Win-win-Situation zweifelsohne eine gute Idee, andererseits ist dies nicht immer leicht und es gibt nicht in jedem Fall die Optimallösung, von der alle Beteiligten profitieren. In diesen Situationen fällt es mit dem Harvard-Konzept schwer, weiterzukommen. Abschließend ist festzuhalten, dass das Harvard-Konzept nicht immer auf jede Situation anwendbar ist, dass es soziale Aspekte und zwischenmenschliche Probleme vernachlässigt und dadurch weniger Wert auf das nachhaltige Bestehen von derartigen Beziehungen legt, dass es kaum Methodik gewährt, mit der man die Lösungen auch tatsächlich erarbeiten kann, und dass es zu großen Teilen von Kreativität lebt.

MEDIATION

Wie Sie sehen, hat die Harvard-Methode ihre Vor- und Nachteile, jedoch können Sie in jedem Fall etwas von ihr lernen. Trotzdem ist es sicherlich hilfreich, ein eher auf die alltäglichen Konflikte des Lebens zugeschnittenes Modell heranzuziehen. Eine derartige, auf alle Lebensbereiche anwendbare Methode ist die Mediation. Bei ihr wird den Konfliktgegnern ein Mediator an die Seite gestellt, der beide Parteien auf dem Weg zur Lösungsfindung anleitet und begleitet. Er kümmert sich nicht um Inhalte, sondern ausschließlich um das Verfahren, und ist dazu da, einen zivilisierten und zielführenden Diskurs zu gewährleisten. Das Harvard-Konzept ist eine Ausprägung einer solchen Mediation, die sich, wie ja bereits festgestellt, auf das Wirtschaftsfeld konzentriert.

Ebenso gibt es Mediationsformen, die auf den Bereich der Familie oder der Schule zugeschnitten sind. Da in diesen Kontexten persönliche Beziehungen im Vordergrund stehen, wird hier mehr auf zwischenmenschliche Aspekte Wert gelegt. Das heißt, es wird mehr auf die Gefühle des Gegenübers Wert gelegt und seine Ansichten und Charakterzüge werden eher berücksichtigt. Dafür sorgt der Mediator, indem er beiden Parteien in bestimmten Schritten die Freiheit einräumt, sich auszudrücken und erklären zu können.

So wird die Empathie des anderen angesprochen und beide fühlen sich ernst genommen und respektiert, sodass die Frustschwelle ansteigt und Emotionen genommen werden. Sie werden nicht bei jedem Konflikt einen Mediator engagieren wollen, sonst hätten Sie dieses Buch wohl auch nie gelesen. Deswegen sind die im folgenden angesprochenen Schritte und Verfahren auch ohne Mediator hilfreich, wenn Sie sie selbst anwenden, und sie werden Ihnen ermöglichen, den Konflikt aus der Perspektive eines Mediators zu betrachten und so beiden Seiten den nötigen Freiraum zu schaffen.

Im ersten Schritt der Mediation werden grundlegende Diskussionsregeln aufgestellt und es wird ein Plan für das Verfahren geschaffen. Dies dient als Grundlage für einen geeigneten Diskurs und dadurch werden den Parteien Eckpfeiler an die Hand gegeben, innerhalb derer sie handeln und die Konfliktgegner anhand dieser zurückhalten können. Des Weiteren wissen alle dadurch, was sie erwartet, und es kommt zu keinen unlieben Überraschungen.

Ohne Mediator mag es freilich etwas schwerer sein, dies zu etablieren, jedoch ist zu bedenken, dass die Regeln hier sehr grundlegend gehalten werden sollten. Das heißt etwa, die Stimme sollte nicht erhoben werden, jeder sollte ausreden dürfen, die Gefühle des anderen sollten respektiert werden. Ohne Mediator gilt hier: Lässt sich Ihr Streitpartner nicht auf derartige Voraussetzungen ein, sollten Sie auch nicht weiter mit ihm diskutieren, sondern ihm aus dem Weg gehen. Da solche Orientierungen aber im Sinne aller Beteiligten sind, sollte es kaum jemanden geben, dem dies zuwiderläuft.

Danach bekommt jede Seite Zeit, Streitpunkte, Sachverhalte und Anliegen darzulegen. Jeder kann den Konflikt aus seiner Sicht schildern, erwähnen, was ihn speziell stört oder was ihm besonders wichtig ist. So fällt es jedem leichter, sich in die Lage des anderen hineinzuversetzen, und die Streitherde werden relativ schnell klar, denn dort, wo die Sichtweisen und Wahrnehmungen besonders stark voneinander abweichen, liegt das größte Konfliktpotenzial. Gerade hier ist entscheidend, dass jeder freie Zeit bekommt, sich zu äußern. Vor allem bei Mediationen an Schulen ist dieser Schritt zentral. Es mag zeitweise schwerfallen, wenn der andere etwas erzählt, das Sie völlig anders wahrgenommen haben, dennoch ist es extrem wichtig, ihn dies offenlegen zu lassen. Dadurch fühlt er sich gehört und respektiert, andernfalls steigt die Frustration.

Im dritten Schritt wird alles zu einem Konfliktpunkt der Streitigkeit gesammelt, was sich finden lässt: Fakten, Daten, Informationen sowie subjektive Empfindungen. Es geht in erster Linie darum, den Konflikt von allen Seiten auszuleuchten. Hier werden auch einige Methoden des Harvard-Konzepts angewandt. Es wird etwa empfohlen, Kriterien zu etablieren und sich auf die Interessen zu konzentrieren. Auf diesem Wege sollen die Hauptziele der Parteien ausgearbeitet werden und, sofern möglich, auch dahinterliegende Emotionen. Dies ist im zwischenmenschlichen Feld schwerer als auf einem wirtschaftlichen Gebiet. Denn gerade Emotionen können oft für alle Beteiligten versteckt sein und wirken eher unterbewusst am Verhalten der jeweiligen Person mit. Indem alles um den Konflikt herum an die Oberfläche befördert und ausgesprochen wird, lassen sich Interessen und Gefühle der Personen klar umzeichnen. Außerdem können so Missverständnisse beseitigt werden. Dadurch wissen alle, wo Sie selbst und andere stehen, und können auf eine Lösung hinwirken.

Bei dem vorletzten Schritt werden Lösungen gesammelt. Dies ähnelt dem dritten Schritt des Harvard-Konzepts, unterscheidet sich aber dahingehend, dass mehr auf Austausch Wert gelegt wird und so im offenen Diskurs Ideen in den Raum geworfen, ausgearbeitet und bewertet werden. Es geht um Kooperation, die durch die vorangegangenen Schritte zur Annäherung der Streitenden möglich gemacht werden sollte.

Ein Mediator würde hier immer wieder auf Rücksichtnahme pochen und darauf achten, dass beide Parteien gleichermaßen zufrieden mit der Lösung sein können. Dies ist zweifelsohne schwerer ohne einen Mediator, nichtsdestotrotz ist es aber dank der vorherigen Schritte möglich, wenn beide Seiten bereit sind, empathisch und respektvoll ihre Überlegungen anzuführen. Es werden also Ideen vorgestellt, der andere kann sich äußern, basierend darauf können sie abgeändert oder verworfen werden und nicht verworfene Ideen werden zurückgelegt, um sie am Ende mit den anderen Lösungswegen abzugleichen, bis die beste Option feststeht.

Zuletzt werden die Ergebnisse festgehalten. Den Umständen entsprechend kann das schriftlich oder mündlich geschehen. Am Arbeitsplatz ist eine Schriftform wohl zu empfehlen, während im Privatleben auch eine mündliche Einigung ausreichen kann. Entscheidend ist, dass die einzuleitenden Schritte und auch etwaige Pflichten der Parteien festgehalten werden, sodass das Gegenüber diese besser einfordern kann und alle Seiten sich auch sicher auf das Gleiche einigen und keine Missverständnisse entstehen. Eine förmliche Einigung verpflichtet eher dazu, diese auch wirklich einzuhalten.

Wichtig ist eine ausführliche und präzise Formulierung, die möglichst wenig Spielraum lässt und beide Seiten gleichermaßen berücksichtigt. An diesem Punkt wird nicht mehr verhandelt, da der Lösungsweg bereits in Schritt vier erarbeitet worden ist, lediglich das Festhalten dieses Weges ist hier von Belang. Dennoch ist es empfehlenswert, dass hierfür beide Seiten anwesend sind, damit sich niemand hintergangen oder benachteiligt fühlt und an alles gedacht ist.

Wie Sie sehen, bestehen durchaus gewisse Ähnlichkeiten zum Harvard-Konzept. Durch den etwas zeitaufwendigeren Aufbau, der bei rein wirtschaftlichen Verhältnissen wohl nicht durchgeführt werden würde, werden den Partizipanten mehr Räume für ihre Interessen und Gefühle gegeben. Positiv zu bewerten ist daran, dass sich so jeder respektiert fühlt, und gerade, wenn Sie private oder gar familiäre Streitigkeiten haben, kann dieser einfache Trick viel Antipathie aus der Streitigkeit nehmen.

Auch die Herangehensweise der Lösungsfindung ist durchaus positiv hervorzuheben. Durch das im ersten Schritt nüchterne Sammeln von allem Relevanten stehen die Parteien auf derselben Seite und arbeiten gemeinsam daran, den Konflikt zu klären. Die Streitenden werden nach dem zweiten Schritt nun noch mehr mit der Seite des anderen vertraut, es wird Verständnis erregt und nach Konsens gesucht. Die Herangehensweise, Lösungen eher über Dialog und Austausch als über wirtschaftlichen Gewinn zu finden, gewährleistet eher, dass beide Beteiligten auch persönlich und nicht nur vom objektiven Endprodukt gesehen zufrieden sind. Zuletzt ist es von Vorteil, wenn Sie eine Niederschrift des Ergebnisses im Hinterkopf behalten, da dies so auch besser umzusetzen ist.

Auf der anderen Seite muss man auch einige Nachteile der Mediation festhalten. Am entscheidendsten ist hier wohl, dass für eine klassische Mediation ein Mediator notwendig ist. Jeder Schritt wächst zu einer größeren Hürde, führt man ihn ohne einen Mediator durch. Daher ist das soeben Dargestellte eher als Orientierung zu sehen oder als Inspiration, wie man einen persönlicheren Konflikt geordnet ausführen kann. Weiter ist diese Methode teilweise zeitaufwendig und es kann nervenraubend sein, seinem Gegenüber bei dessen Version zuzuhören, der man selbst aber überhaupt nicht zustimmt.

Ähnlich dem Harvard-Konzept ist ein weiteres Problem, dass die eigentliche Lösungsfindung ohne große Anleitung vonstattengeht. Zwar ist die Lösungsfindung im Team hilfreich, bei einer aussichtslosen Lage ist aber nichtsdestotrotz Kreativität gefragt, ohne die es hier nicht weitergeht. Diese Hürden sind je nach Verhalten Ihres Gegenübers kleiner oder auch nahezu unüberwindbar, sollte er sich querstellen. Die Mediation ist hier wie alle Ansätze relativ zu sehen, denn an einem völlig unkooperativen Verhandlungspartner kommt kein Ansatz der Konfliktlösung vorbei.

Alles in allem bietet die Mediation daher einen hilfreichen Ansatz für Konfliktlösung in einem zwischenmenschlicheren Kontext, sie ist aber aufgrund ihrer stellenweisen Mängel mit Abstand zu betrachten. Mitzunehmen bleiben nichtsdestotrotz die Herangehensweisen, mit denen man dem Gegenüber ein Gefühl von Respekt vermittelt, sowie die gemeinsame Lösungssuche, welche auf Empathie basiert.

ORIENTIERUNGSPFEILER

Nun, da Ihnen ein Einblick in aktuelle Ansätze und Forschungen gegeben wurde, werden Sie die Komplexität der Thematik verstanden haben. Den einen universell richtigen Weg gibt es schlicht nicht. Das ist das Problem simpler Schritt-für-Schritt-Anleitungen: Sie sind entweder zu offen und vage oder sie sind so spezifisch, dass der wichtigste Schritt zunächst ist, zu erkennen, ob man sie überhaupt anwenden kann.

Daher besteht das Zentrale, was Sie aus diesem Buch mitnehmen können, aus den Werten und Denkweisen, die die Ansätze nutzen. So können Sie Empathie, Objektivität in der Beurteilung – etwa mittels Kriterien – oder nüchterne Abwägung und Berücksichtigung der Ihnen gegebenen Optionen wie Instrumente in Problemsituationen anwenden. Um Ihnen dies zu veranschaulichen, wird Ihnen im Folgenden eine grobe

Orientierung an die Hand gegeben, auf die Sie in Konfliktfällen zurückgreifen können und die Sie frei und strukturell losgelöst oder auch nah an dem ursprünglichen Aufbau anwenden können. Es geht hier weniger darum, eine Anleitung zu kreieren, mit der Sie blind jeden Streit lösen können, sondern vielmehr darum, den Konflikt einordnen zu können und diesen anschließend mithilfe der Instrumente, die Sie kennengelernt haben, zu lösen.

Aus diesem Grund ist es auch entscheidend, diese zu verinnerlichen und entsprechend anwenden zu können, denn automatisch lässt sich ein Streit mit keiner Anleitung der Welt lösen. Das wird Ihnen aber auch nicht schwerfallen, nachdem Sie sich mit der Materie vertraut gemacht haben und sich etwas Zeit nehmen, diese kennenzulernen, sodass bald Routine und Besonnenheit einsetzen werden.

Vereinfacht gesagt soll Ihnen diese Orientierung dabei helfen, das Beste aus dem Konflikt herauszuschlagen. Das wäre natürlich das Erreichen Ihrer Interessen und die Wiederherstellung der Harmonie zwischen den Parteien. Zunächst wird darauf abgezielt, möglichst viel beider Aspekte zu erreichen. Es wird aber immer Situationen geben, in denen absolute Harmonie und das Erreichen aller Ihrer Interessen nicht komplett miteinander vereinbar sind. Dieser Ratgeber hilft Ihnen zunächst, Ihren Konfliktpartner möglichst kooperativ zu stimmen, um Sie anschließend dabei zu unterstützen, zwischen beiden Aspekten abzuwägen und darauf basierend zu entscheiden, wie und mit welcher Gewichtung Ihre Interessenlage ausfällt.

Zuletzt werden Sie bei Ihrem weiteren Vorgehen unterstützt, sodass Sie nüchterner entscheiden können, was die beste Option ist – bis zum Ende auszudiskutieren, entgegenzukommen, dem Konflikt auszuweichen und sich anderweitig umzusehen oder Ähnliches. Dabei wird auf die angesprochenen Ursprünge von Konflikten eingegangen und zudem werden die erläuterten Methoden eingebunden, sodass ein möglichst praxisnahes, breit anwendbares und ausgewogenes Verfahren entsteht. Es sei an dieser Stelle angemerkt, dass der Erfolg auch immer von externen Faktoren und vor allem Ihrem Gegenüber abhängt, dennoch werden Sie mit dieser Methode in keinem Fall falsch verfahren oder die Lage verschlechtern. So dient sie lediglich dazu, das bestmögliche Resultat zu erzielen – was dieses ist, ist vom bestimmten Fall abhängig.

Wie handeln Sie also in einer Konfliktsituation? Es besteht eine Uneinigkeit zwischen Ihnen und einer anderen Person, aus der ein Streit erwachsen könnte oder schon erwachsen ist. Diese wollen Sie lösen. Stellen Sie dafür zuallererst Ihre Emotionen, Interessen und Ziele an zweite Stelle und kümmern Sie sich um das Gespräch. Es spielt keine Rolle, was gesagt wurde, worum es geht oder mit wem Sie überhaupt reden. Ihre oberste Priorität ist nun, erst einmal eine gesunde Gesprächskultur einzuführen, auf der anschließend aufgebaut werden kann. Dies ist Ihr erster Orientierungspfeiler: das Schaffen einer Gesprächsgrundlage. Egal, wie die Situation aussieht, Sie werden nie Nachteile haben, weil Sie sich um eine solche kümmern. Selbst wenn Sie sich getäuscht haben und gar kein Konflikt vorliegt, wird dieser Schritt nichts kaputtmachen.

Um diese Gesprächsgrundlage zu etablieren, müssen Sie die Lage erst einmal deeskalieren. Dieser Schritt wird Sie mitunter die meiste Überwindung kosten, wenn Ihr Konfliktgegner und Sie bereits ordentlich aneinandergeraten sind und Emotionen im Spiel sind. Sie erinnern sich, Emotionen sind Hauptauslöser von Streitigkeiten, somit gilt es auch, diese wieder aus der Unterhaltung zu nehmen. Springen Sie also über Ihren Schatten und kommen Sie Ihrem Gegenüber entgegen. Räumen Sie ihm, ähnlich wie bei der Mediation, Platz ein, sich zu äußern und seine Ansichten darzulegen. Hören Sie ihm zu, unterbrechen

Sie ihn nicht und geben Sie ihm das Gefühl, respektiert und gehört zu werden. Das mag Ihnen zunächst widerstreben, nützt aber auch Ihnen selbst auf lange Sicht. Denn anschließend können Sie dann ebenso einfordern, kurz angehört zu werden.

Die Wahrscheinlichkeit, dass der andere Ihnen dann auch wirklich zuhört, wächst ungemein dadurch, dass Sie den ersten Schritt gegangen sind und ihm einen Vertrauensvorschuss gegeben haben. Dieser erste Schritt nimmt viel Schärfe und Lautstärke aus der Unterhaltung und kann eventuell schon erste Fragen oder Missverständnisse klären; beide Parteien begegnen sich so respektvoll und auf Augenhöhe.

Natürlich müssen Sie dafür nicht extra die Unterhaltung unterbrechen und dem anderen sein fünfminütiges Plädoyer einräumen. Dieser Grundrespekt kann auch subtiler durchgesetzt werden, indem Sie anfangen, ihm aufmerksamer zuzuhören, und ihn dies auch spüren lassen. Sie werden merken, dass Ihr Gegenüber in den meisten Fällen automatisch dieses Verhalten replizieren wird. Tut er das nicht, kann es auch helfen, ihn darauf aufmerksam zu machen und ihn zu bitten, dies zu ändern, weil Sie ihn ja auch ausreden lassen und respektvoll behandeln.

Eine weitere Voraussetzung für die Gesprächs-grundlage ist die Empathie. Dies wird Ihren Streit-partner zwar nicht unmittelbar milder stimmen, ist aber insofern hilfreich, als Sie einen kühlen Kopf be-wahren und unnötige Meinungsverschiedenheiten in dem Konflikt vermeiden können. Fragen Sie sich also, ob er in manchen Punkten recht haben könnte, ob er positive Beweggründe und Intentionen hat oder ob Sie ihn zumindest verstehen können. Oft entspringen Konflikte aus derselben Intention zweier Personen, die dann aber gegenläufig ist. Das simpelste Beispiel dafür ist der Fall, dass zwei Personen etwa dieselbe Sache wollen.

Auf der anderen Seite kann es auch sein, dass zwei Personen von demselben Fall profitieren, dies aber mangels Empathie nicht erkennen. In beiden Fällen werden durch das Hineinversetzen in den anderen Ab-neigungen genommen und Verbindungen geschaffen. Es wirkt weniger so, als wären Sie beide Kontrahenten, sondern vielmehr so, als wären Sie Partner in dersel-ben misslichen Lage. Es kann auch dazu führen, dass Ihr Partner, wie bei dem aufmerksamen Zuhören, Ihr Verhalten aufnimmt und ebenfalls versucht, Ihre Lage nachvollziehen zu können. In jedem Fall werden Diffe-renzen überbrückt. Wie Sie merken, wird aber bei dem ersten Orientierungspfeiler eine gewisse Größe von Ihnen verlangt, da Sie meist den ersten Schritt gehen müssen. Wenn Ihnen dies besonders schwerfällt, rufen Sie sich immer wieder vor Augen, dass Sie das für sich tun und selbst davon profitieren. Auch hier muss kein striktes Schema befolgt werden. Es ist lediglich hilfreich, im Hinterkopf die Frage zu behalten, ob Sie Ihr Gegenüber verstehen können.

Im letzten Schritt hin zu einer gesunden und produktiven Gesprächsgrundlage wird die Empathie noch weiter verstärkt und es wird versucht, Gemeinsamkeiten zu finden, von denen aus man den Rest klären kann. Stellen Sie sich das so vor, dass zunächst alles Überschüssige hinter sich gelassen wird. Es soll verhindert werden, dass Sie in einen Streit über ein spezielles Thema in Grundsatzdebatten geraten, bei denen Sie womöglich einer Meinung sind.

Gleichzeitig wird der Kern der thematischen Differenzen gefunden. Dies kann erreicht werden, indem man seinen Gesprächspartner fragt, ob man sich denn zumindest über völlig grundlegende Dinge einig ist. So wird der Kreis des Konflikts enger gezogen und unnötige Gespräche werden vermieden. Zudem nähert man sich weiterhin an und kann von dieser gemeinsamen Anschauung aus argumentieren und die Differenzen klären. Während Sie bei dem Schritt der Empathie noch sich selbst hinterfragt und gezügelt haben, klären Sie hier nun im offenen Diskurs, worüber Sie sich einig sind, was der Kern des Konflikts ist und welche Diskussionen überflüssig sind. Dies können Sie zum Beispiel anbringen, wenn Sie das Gefühl haben, die andere Person versucht, Sie von etwas zu überzeugen, das Sie ohnehin schon glauben, oder wenn sie sich in einer Offensichtlichkeit verläuft und so die Diskussion hinzieht.

Durch eine schnelle Frage oder Bekräftigung kann so eine Gemeinsamkeit geschaffen werden. Achten Sie jedoch darauf, dies respektvoll zu tun, andernfalls könnte sie es als Beleidigung aufnehmen. Hier können Sie auch gemeinsame Kriterien nach der Harvard-Methode etablieren und so objektiver argumentieren. Dies nimmt mit der subjektiven Sichtweise eines Menschen einen weiteren Streitherd und führt die Parteien näher zusammen. So wird eine gesunde Grundlage für ein zielführendes Gespräch gewährleistet.

Der zweite zentrale Orientierungspfeiler ist die Einordnung des Konflikts. Indem Sie sich darauf besinnen, was Ihnen wichtig ist, können Sie über Ihr weiteres Vorgehen besser entscheiden. Hier geht es darum, sich klarzumachen, was Sie sich von dem Konflikt erhoffen, was es zu verlieren gibt und wie Sie zu der anderen Partei stehen. Zentral für diesen Punkt ist die Frage, wie Sie welche Interessen gewichten. Oftmals ist den Akteuren nicht in vollem Umfang bewusst, was auf dem Spiel steht, daher ist es durchaus hilfreich, sich das klarzumachen. Nur so können Sie anschließend eine Risikoabwägung machen und den Ausgang des Konflikts entsprechend planen.

Um das zu erreichen, muss man sich zunächst alle seine Interessen vor Augen führen. Besinnen Sie sich auf das ursprüngliche Ziel, mit dem Sie in den Konflikt gegangen sind. Es können auch während des Konflikts noch weitere Ziele entstanden sein, jedoch sollte hier hinterfragt werden, ob diese nicht der Hitze des Gefechts entsprungen sind.

Es gilt daher, stets zwischen objektiv nützlichen Interessen, die auf lange Sicht förderlich sind, und subjektiven Zielen, bei denen es eher um Rechthaben, eine Revanche, oder Abneigungen geht, zu differenzieren. Überprüfen Sie also ruhig und konzentriert Ihre Ziele und wägen Sie ab, was wirklich entscheidend für Sie ist. An dieser Stelle können Sie auch schon selektieren oder priorisieren. Dieser Schritt begrenzt sich jedoch zunächst auf sachliche, inhaltliche Interessen. Dabei kann es auch dazu kommen, dass Sie realisieren, dass

Ihr eigentliches Interesse durch den Konflikt schon nicht mehr erreichbar ist oder sich dieser gänzlich erledigt hat. Gerade, um in derartigen Situationen unnötige Streitigkeiten zu vermeiden, hilft es, sich auf diese Interessen zu konzentrieren.

Demgegenüber steht Ihre Beziehung zu dem anderen Streitenden. Was bedeutet dieser Ihnen, welche Art von Verhältnis liegt vor, was würde eine Verschlechterung desselben für Sie bedeuten? Besonders vorsichtig sollten Sie bei Abhängigkeitsverhältnissen sein und dies auch dauerhaft beachten, andernfalls entstehen schnell prekäre Situationen. Auch bei besonders persönlichen oder intimen Verhältnissen hat Vorsicht zu gelten, da mit diesen oft, zumindest indirekt, eine emotionale Abhängigkeit einhergeht.

Weiter ist zu beachten, dass das Ausmaß einer verschlechterten Beziehung zu dem Gegenüber oft nicht auf den ersten Blick erkennbar ist. Daher sollte ein völliges Zerstreiten ohne Rücksicht auf Verluste stets um jeden Preis vermieden werden, denn man kann nie wissen, wie dies auf Sie zurückfallen könnte. Machen Sie sich hier alle möglichen und erkennbaren Folgen einer zerrütteten Beziehung klar und halten Sie ein noch größeres Ausmaß immer für möglich und deswegen im Hinterkopf.

Anschließend geht es darum, die Beziehung zum Konfliktpartner und das eigene Interesse am Konflikt zu vergleichen und abzuwägen. Welchen Stellenwert nehmen diese ein und worauf sollten Sie demzufolge mehr Wert legen? Dabei muss keine absolute Entscheidung, in dem Sinne, dass entweder eines oder das andere fallen gelassen wird, getroffen werden. Vielmehr ist ein Aufwiegen entscheidend. Was wäre also im Zweifel wichtiger und wo sind Sie bereit, eher und weiter zurückzustecken?

Ziel dabei ist, ein besseres Bild davon zu erlangen, was eigentlich alles auf dem Spiel steht, und basierend darauf besser entscheiden zu können, wie das weitere Vorgehen auszusehen hat. Oft wird dabei schnell klar, dass der Konflikt es nicht wert ist, die Beziehung zu gefährden, oder aber, dass Ihr Interesse alternativlos ist und hier keine Rücksicht auf die Beziehung genommen werden kann.

Seien Sie jedoch nicht zu vorschnell mit endgültigen Entscheidungen und versuchen Sie auch anschließend, auf beiden Seiten die Bestlösung herauszuholen. Dies gibt Ihnen auch einen Spielraum im Hinblick darauf, wie weit Sie auf das Interesse pochen können, ohne die Beziehung folgenschwer zu schädigen, und wie weit Sie Harmonie bewahren können, ohne Ihre

Prinzipien aufzugeben und sich selbst zu schädigen. Im Optimalfall können Sie dadurch einen Wendepunkt ausmachen, an dem der Gewinn auf beiden Seiten am höchsten ist. Beispielsweise erkennen Sie, dass Sie am meisten profitieren, wenn Sie Ihr Interesse um die Hälfte herunterschrauben und die Beziehung so nur marginal schädigen. Vernachlässigen Sie Ihr Interesse weiter, lohnt es sich nicht mehr und die Beziehung ist dadurch kaum besser, sodass dies eine schlechtere Lösung wäre. Bestehen Sie aber mehr auf Ihr Interesse, nimmt die Beziehung größeren Schaden und es entstehen negative Folgen, womit auch dies eine schlechtere Lösung wäre. Diesen goldenen Punkt gilt es, zu suchen.

Bei dem dritten und letzten Orientierungspfeiler wird abschließend von der kreierten Diskussionsgrundlage profitiert und das über den Konflikt Gelernte mit Blick auf die Zukunft umgesetzt. Dieser Pfeiler soll dabei helfen, die beste Lösung zu finden, und so ein ertragreiches und versöhnliches Ende für den Konflikt bilden. Dazu wird sich an der objektiven und zukunftsgerichteten Denkweise des Harvard-Konzepts orientiert, außerdem werden persönlichere Aspekte und die Beziehung zum Konfliktpartner miteingebracht. Materielle und immaterielle Kosten werden berücksichtigt, sodass am Ende eine ausgewogene und umfassend ausgeleuchtete Situation für den Streitenden steht, aus der er sich dann entsprechend seinen Möglichkeiten bestmöglich lösen kann.

Zunächst muss sich ein Bild über die verfügbaren Möglichkeiten gemacht werden. Dazu werden sich ganz im Sinne der Harvard-Methode die besten Alternativen angesehen, um sich so einen Rahmen für Verhandlungen zu bilden. Beziehen Sie dafür externe Optionen sowie solche im Rahmen des Konflikts ein. Sie sollten immer zumindest für jedes Szenario eine Alternative haben. Was ist Ihr bestes Vorgehen, wenn Sie dem Konflikt ohne Erreichen Ihrer Interessen ausweichen müssen?

Was ist Ihr bestes Vorgehen, wenn Sie Ihr Interesse so durchsetzen, dass jegliche Brücken zu dem anderen Partizipanten abgerissen sind? Da der zuvor angesprochene goldene Punkt nicht in jedem Fall zu erreichen sein wird, helfen diese Alternativen, eine Skala auf Seiten des Interesses zu setzen. So können Sie nach der besten Alternative zu Ihrer Wunschlösung und überhaupt zu einer Einigung suchen. Die bei den vorigen Methoden eher kritisch gesehene Kreativitätsvoraussetzung ist in diesem Konzept nicht unbedingt gegeben, da Sie sich besser an Ihrer Konflikteinordnung und Abwägung orientieren können, was dann mangels Kreativität fehlende Alternativen in Relation zu der Beziehung setzt, sodass Sie unmittelbar Schlussfolgerungen ziehen können. Nichtsdestotrotz ist ein gewisses Maß an Kreativität zweifelsohne auch hier von Vorteil und kann bisweilen ein Schlupfloch ermöglichen.

Die wohl beste und einfachste Herangehensweise für das Finden von anderen Optionen ist es, frei nach jeder Möglichkeit zu suchen und im ersten Schritt alles festzuhalten, was in den Kopf kommt. Anschließend kann man selektieren und die beste Alternative festmachen. Besonders bei Konflikten, in denen die emotionale Abhängigkeit zum Konfliktpartner sehr hoch ist, fällt es schwer, eine beste Alternative zu finden.

An diesem Punkt gibt es dann zwei Möglichkeiten: Entweder Sie sehen schlicht keinen Ausweg und Sie priorisieren stark die persönliche Beziehung vor Ihren Interessen oder Sie werden im Rahmen des Konflikts fündig. Das heißt, Sie finden ähnlich dem Harvard-Konzept eine Form der Kuchenvergrößerung, sodass beide Seiten außerhalb des Konflikts glücklich sind. So kann es möglich sein, die Beziehung auch ohne eine Einigung des Konflikts zu wahren, wenn man sich an anderer Stelle befrieden und über die Differenzen in diesem spezifischen Gebiet hinwegsehen kann.

Haben Sie sich nun auf Ihre beste Alternative festgelegt und so den Rahmen für die Verhandlung beziehungsweise Diskussion gefunden, ist weiter die Zeit zu beachten, die dies braucht. Was verlieren Sie dadurch, dass der Konflikt sich hinzieht? Verschlechtert sich die Beziehung stetig, entgeht Ihnen Gewinn, verpassen Sie einen Termin? Haben Sie derartigen Zeitdruck, muss Ihnen klar sein, dass Sie am kürzeren Hebel sitzen und eventuell Ihre Ansprüche weiter herunterschrauben müssen.

Dabei spielt eine Rolle, ob Ihr Gegenüber von diesem Zeitdruck weiß. Tut er das, so ist es das einzig Sinnvolle, von Anfang an offen und fair zu sein und geringere Forderungen zu stellen. Weiß er das nicht, kann es sich zwar lohnen, das Risiko einzugehen, jedoch sollte dies nüchtern und sorgfältig abgewogen sein. Machen Sie sich also zuerst klar, was eine längere Verhandlung für Sie bedeutet, ob die mögliche Verschlechterung auf Beziehungsseite oder Interessenseite ist, und beziehen Sie danach das Wissen des anderen mit ein. Haben Sie das getan, können Sie Ihre Abwägung zwischen Wahrung der Beziehung und Erreichen der Interessen um dieses Risiko ergänzen und sind so bestens für jedes Szenario der Verhandlung aufgestellt.

So können Sie schlussendlich den Konflikt ausdiskutieren. Peilen Sie dabei Ihre Gewichtung zwischen Beziehung und Interesse an und achten Sie darauf, das Verhältnis der Schädigung beider wie vorher abgewogen zu halten. Sollten Sie also merken, die Beziehung verschlechtert sich so stark, dass Sie einen größeren Nachteil davontragen würden, als wenn Sie mit Ihren Interessen zurückweichen, passen Sie Ihr Vorgehen entsprechend an. Dabei sollte das Ergebnis auf Interessenebene niemals Ihre beste Alternative unterschreiten, denn sonst können Sie einfach den Konflikt aufgeben, die Beziehung nicht weiter strapazieren und Ihrer Alternative nachgehen. Hier geht es oft um Fingerspitzengefühl und erneut ist Empathie eine zentrale Tugend, denn nur so können Sie die Situation auf Beziehungsebene einschätzen.

Bleiben Sie ruhig, wenden Sie weiter Methoden an, um das Gesprächsklima zu halten, und besinnen Sie sich auf Ihre Abwägung sowie Ihre beste Alternative. So werden Sie den Konflikt gut lösen können, sodass beide Parteien glücklich sind. In einem abschließenden Beispiel lässt sich das Gelernte noch einmal veranschaulichen und etwaige Fragen können geklärt werden. Versetzen Sie sich in folgendes Szenario: Sie und ein Freund sind große Pizzafanatiker. Als die letzte Pizzeria in Ihrer Stadt schließt, fassen Sie beide den Schluss, selbst eine Pizzeria zu öffnen.

Die Planungen laufen gut, jedoch formt sich ein Konflikt bei der Entscheidung, welchen Ofen Sie kaufen wollen. Sie sind fest davon überzeugt, dass nur mit einem Steinofen für etwa 5.000 € die notwendige Qualität erreicht werden kann, Ihr Kollege hingegen bevorzugt eine billigere Variante für etwa die Hälfte, denn man könne den Unterschied gar nicht schmecken.

Schaffen Sie nun eine Gesprächsgrundlage. Sie beide arbeiten mit Leidenschaft an dem Projekt. Diese ist nun erst einmal beiseitezulegen. Ob Sie es schändlich für die traditionelle Pizzakultur finden, einen Metallofen zu verwenden, und ob Sie enttäuscht über die Einstellung Ihres Freundes sind, spielt keine Rolle und ist zurückzustellen.

Geben Sie ihm den Raum, sich und seine Beweggründe zu artikulieren. Achten Sie auf die Lautstärke und darauf, ihn ausreden zu lassen. Unter Freunden können Sie ihn anschließend darum bitten, Ihnen zuzuhören, so, wie Sie es zuvor taten. Achten Sie schon bei seiner Erklärung darauf, empathisch zuzuhören, und versuchen Sie ganz bewusst, ihn nachvollziehen zu können. Sie teilen dieselbe Leidenschaft, berücksichtigen Sie also auch seine Emotionalität und bleiben Sie verständnisvoll. Sie werden merken, dass Sie beide denselben Antrieb haben und aus ähnlichen Situationen heraus handeln. Diese Gemeinsamkeiten gilt es nun, hervorzuheben. Beide lieben Pizza und beide mögen auch eine ähnliche Art von Pizza. Ihr einziger Streitpunkt ist die Beschaffenheit des Ofens. Diskussionen über die Tradition des Pizzamachens oder Ähnliches sind fehl am Platz. Machen Sie also sich und ihm klar, dass Sie im selben Boot sitzen, dieselben Interessen teilen und beide das Ziel einer guten und erfolgreichen Pizzeria verfolgen.

Sie können sich jetzt ruhig und kultiviert mit Ihrem Partner unterhalten. Konzentrieren Sie sich auf sich selbst und darauf, worum es in dem Konflikt geht. Ihr Interesse ist eine Pizzeria nach italienischer Kultur, die möglichst lecker ist und dazu profitabel. Dafür wollen Sie einen Steinofen. Dieser ist am Ende aber eher Mittel zum Zweck. Auf der anderen Seite ist Ihnen Ihr Freund wichtig und die Freundschaft mit geteilter Leidenschaft ist überhaupt der Ursprung des Projekts und somit auch Voraussetzung für die Pizzeria. Wägen Sie ab. Die Beziehung zu Ihrem Freund ist hier wichtiger, das Interesse ist klar zweitrangig. Wie genau gestaltet sich dieses Verhältnis? Bestehen Sie auf Ihr Interesse, werden Sie die Freundschaft leicht gefährden, was für das Geschäft und für Sie privat ein Verlust wäre. Vernachlässigen Sie Ihr Interesse, bleibt die Freundschaft intakt, einziger Verlust ist eine leicht besser schmeckende Pizza. Ob es dazwischen etwas gibt, hängt etwa von alternativen Öfen ab. Gibt es einen Mittelpunkt, bei dem im Endeffekt der Allgemeingewinn – also Interesse und Beziehung zusammen – höher ist? Dies ist Ihr goldener Punkt, den Sie in Verhandlungen anpeilen sollten. Gibt es das nicht, so fahren Sie am besten mit der Vernachlässigung Ihrer Interessen.

An dieser Stelle ist der Blick in die Zukunft zu richten, daher muss sich auf eine zielführende Verhandlung vorbereitet werden. Suchen Sie zuerst nach Alternativen auf Interessenseite. In diesem Fall ist das schnell getan.

Wenn Sie sich nicht bezüglich des Ofens einigen können, bleibt Ihnen nur übrig, die Pizzeria allein zu öffnen oder die Idee zu verwerfen. Sie könnten zwar auch ein Restaurant ohne Pizzaofen eröffnen, dann wäre aber Ihre Passion für Pizza nicht einbegriffen und der einzige Grund, warum Sie überhaupt ein Restaurant öffnen wollten, würde wegfallen. Die wohl beste Alternative wäre dann, nichts zu eröffnen, da allein die

Kosten schwerer zu tragen wären und bei den anderen Optionen entweder die Freundschaft oder die Leidenschaft entfiele. Die Kosten einer längeren Verhandlung wären in diesem Fall nicht erheblich, da keine Fristen einzuhalten sind. Wie ist nun Ihr weiteres Vorgehen? Eine Einigung ist mehr oder weniger alternativlos, die Beziehung ist stark zu bevorzugen. Klar ist Ihr Freund in derselben Lage, daher können Sie durchaus verhandeln. Bleiben Sie aber gelassen und lassen Sie nicht zu, dass der Konflikt größeren Schaden als einen Metallofen verursacht. Denn mit diesem Ergebnis könnten Sie allgemein zufrieden sein, dennoch kann es sich lohnen, mit dem Freund zu diskutieren. Dies sollte stets im Rahmen einer gesunden Gesprächsgrundlage bleiben.

Somit sind Sie auf einen Konflikt jeglicher Art bestens vorbereitet. Sie werden nicht immer Ihr Wunschergebnis erzielen, aber doch das bestmögliche im Rahmen aller Umstände. Hoffentlich konnten Sie etwas mitnehmen und fühlen sich gut vorbereitet für kommende Streitigkeiten, denn es ist nichts Schlechtes, in solche hineinzugeraten. Sie werden überrascht sein, wie oft sich das Gelernte im Alltag anwenden lässt.

Herstellung und Verlag:
BoD – Books on Demand, Norderstedt
ISBN: 9783756845149

© Matthias Ernst 2022

1. Auflage

Kontakt: Psiana eCom UG/ Berumer Str. 44/ 26844 Jemgum
Covergestaltung: Fenna Larsson
Coverfoto: depositphotos.com